WOLF ERLBRUCH

Original edition published under the title of: »s' Nachts«.
© 1999 Stichting CPNB, Amsterdam, Niederlande

1. Auflage der Sonderausgabe 2018
Wolf Erlbruch (Text und Illustrationen)
© für alle deutschsprachigen Ausgaben
© Peter Hammer Verlag GmbH, Wuppertal 1999
Repro: PPP Pre Print Partner GmbH & Co. KG, Köln
Druck: TBB, a.s.
ISBN 978-3-7795-0603-4
www.peter-hammer-verlag.de

Nachts

PETER HAMMER VERLAG

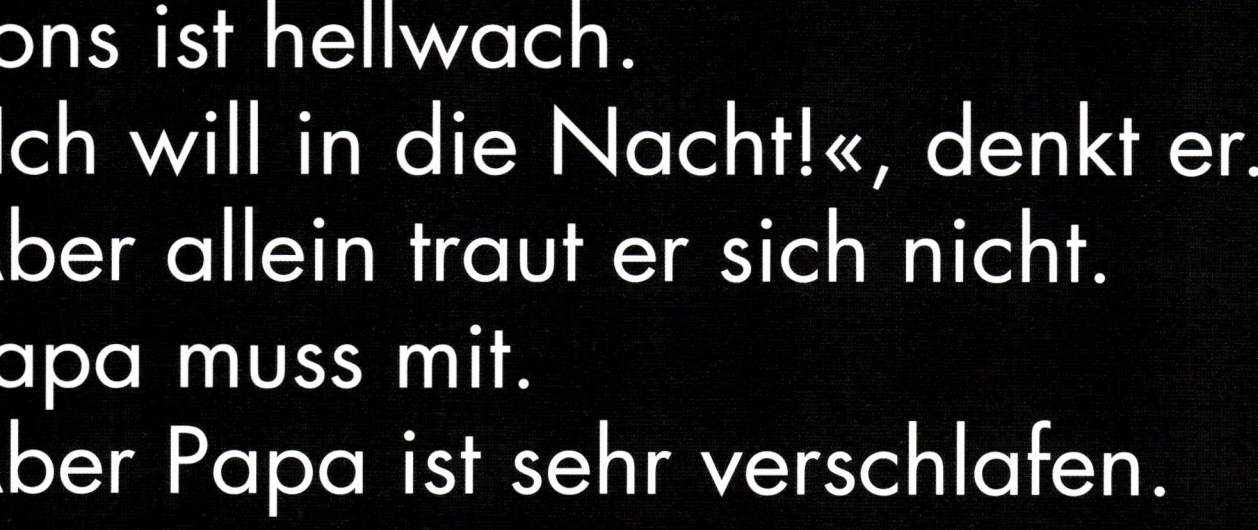

ons ist hellwach.
»Ich will in die Nacht!«, denkt er.
Aber allein traut er sich nicht.
Papa muss mit.
Aber Papa ist sehr verschlafen.

»Was willst du

in der Nacht? Nachts wird geschlafen!

Die Hasen schlafen, der Gemüsemann schläft,

zum Glück auch. Alle deine Freunde schlafen,

und ich würde auch lieber weiterschlafen.

Oma und Opa schlafen bestimmt schon lange.

Es ist dunkel, man sieht die Hand vor Augen nicht.

Selbst die Apotheke ist geschlossen, soviel ich

weiß. Es ist überhaupt nichts los in der Nacht.

Sogar die Fliegen schlafen lieber,

weil sie sich im Dunkeln so leicht verfliegen.

Die Indianer schlafen. Die Cowboys also auch.

Die Bären schlafen sogar Tag und Nacht.

Ja, natürlich, die Fledermäuse sind unterwegs.

Aber hier bei uns gibt es gar keine, glaube ich.

Onkel Willi schläft und Tante Ria.

Und der Müllmann. Und Frau von Asten. Na ja,

die nicht – die strickt bestimmt wieder Socken.

Aber alle anderen schlafen.

Sonst nichts.«